IL DIAGRAMMA DI ISHIKAWA PER LA GESTIONE DEL RISCHIO — 4

Informazioni chiave — 4
Introduzione — 5

TEORIA — 6

L'obiettivo del diagramma di Ishikawa — 6
Ipotesi — 6
Componenti del modello — 7
Da 5 a 7 o 8 M — 7
Vantaggi — 8

LIMITAZIONI ED ESTENSIONI — 10

Limiti e critiche — 10
Modelli ed estensioni correlate — 10

APPLICAZIONE PRATICA — 14

Consigli e buone pratiche — 14
Studio di caso — 18

SINTESI — 24

ULTERIORI LETTURE — 26

Bibliografia — 26
Fonti aggiuntive — 27

IL DIAGRAMMA DI ISHIKAWA PER LA GESTIONE DEL RISCHIO

INFORMAZIONI CHIAVE

- **Nomi:** Diagramma di Ishikawa, diagramma a lisca di pesce, diagramma a spina di pesce, diagramma causa-effetto, Fishikawa, le 5 M.

- **Utilizzi:** Il diagramma di Ishikawa identifica le cause e gli effetti di un problema. Può essere utilizzato anche come strumento analitico nella gestione dei progetti (in particolare, nella gestione dei rischi) e nel controllo della qualità.

- **Perché ha successo?** Questo strumento impedisce agli utenti di trascurare alcune delle cause di un problema e fornisce loro gli elementi necessari per lo studio di potenziali soluzioni. Questo diagramma è considerato uno strumento di gestione della qualità.

- **Parole chiave:**

  - <u>Approccio</u>: metodo; modo di ragionare.

  - <u>Brainstorming</u>: una tecnica di ricerca originale basata sulle libere associazioni proposte da tutti i membri di un gruppo.

  - <u>Causa</u>: la ragione di qualcosa; ciò che causa o è responsabile di qualcosa.

IL DIAGRAMMA DI ISHIKAWA PER LA GESTIONE DEL RISCHIO

Anticipare e risolvere i problemi all'interno dell'azienda

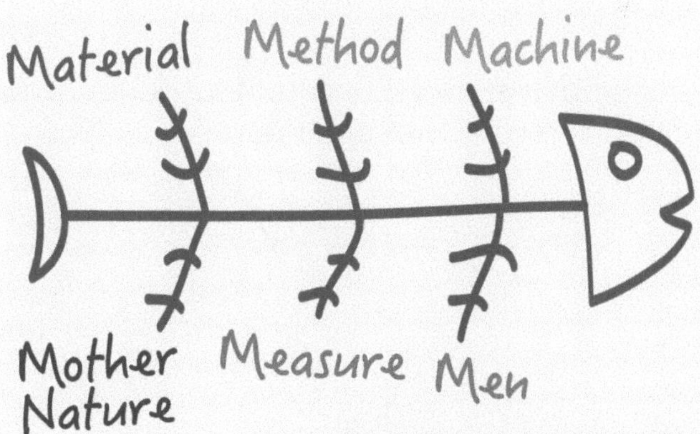

IL DIAGRAMMA DI ISHIKAWA PER LA GESTIONE DEL RISCHIO

Anticipare e risolvere i problemi all'interno dell'azienda

scritto da Ariane de Saeger
tradotto par Sara Rossi

- ○ <u>Effetto</u>: risultato o conseguenza.

- ○ <u>Quota di mercato</u>: la percentuale delle vendite dell'azienda rispetto alle vendite totali del settore.

- ○ <u>Problema</u>: un problema o una questione che può essere discussa e che richiede una risoluzione.

- ○ <u>Soluzione</u>: una risposta a un problema o a una domanda.

INTRODUZIONE

La storia

Il diagramma di Ishikawa è stato inventato da Kaoru Ishikawa (1915-1989), professore e ingegnere chimico dell'Università di Tokyo. Esperto di fama e pioniere nel campo delle teorie di gestione della qualità, utilizzò questo diagramma per la prima volta nel 1943 per cercare di spiegare a un gruppo di ingegneri di un'azienda siderurgica come comprendere un problema, basandosi su un'analisi complessiva - il più possibile esaustiva - di fattori complessi.

Definizione del modello

Si tratta di uno strumento grafico utilizzato dalle aziende che offre una panoramica delle cause e degli effetti di un problema. Classificando le cause, è possibile identificare con precisione le fonti del problema.

TEORIA

Sebbene il diagramma di Ishikawa sia utilizzato principalmente in ambito aziendale come strumento di gestione della qualità o dei progetti, si presta particolarmente bene anche alla gestione dei rischi. Infatti, esso non solo consente di risolvere i problemi, ma anche di prevederli. Ad esempio, quando un'azienda vuole realizzare un progetto, esamina gli aspetti che potrebbero essere presi in considerazione se il progetto fallisse. Valutando i vari elementi che potrebbero far fallire il progetto, l'azienda sa esattamente dove concentrare la propria attenzione per evitare che il problema si concretizzi.

L'OBIETTIVO DEL DIAGRAMMA DI ISHIKAWA

Il metodo Ishikawa è uno strumento di pianificazione aziendale che mira a fornire un'analisi visiva e strutturata delle cause e degli effetti di un problema specifico.

IPOTESI

Il modello di Ishikawa si basa su due ipotesi:

- per ogni problema esiste un numero limitato di cause primarie e secondarie;
- distinguere tra questi due tipi di cause è il primo passo verso la soluzione del problema.

COMPONENTI DEL MODELLO

Il professor Ishikawa classifica le diverse cause di un problema in cinque gruppi, chiamati le 5 M:

- **Materiale:** si riferisce a tutto ciò che può essere consumato o utilizzato dal progetto, come materie prime, carta, acqua, elettricità, ecc.;

- **Metodo:** comprende le procedure esistenti, il flusso di informazioni, la ricerca e lo sviluppo, le modalità operative, ecc.;

- **Madre Natura:** corrisponde all'ambiente e al contesto che possono avere un impatto sul progetto (luogo di lavoro, spazi verdi, ecc.):

- **Macchina:** riguarda l'attrezzatura necessaria per il progetto. Si tratta, ad esempio, di locali, pezzi di ricambio, attrezzature, hardware, software, tecnologia, macchinari o impianti. Questa categoria richiede generalmente un investimento;

- **Manodopera:** fa riferimento alle risorse umane coinvolte nel progetto e alle qualifiche del personale.

Ogni categoria può includere altre cause o categorie di cause, a seconda del livello di dettaglio desiderato.

DA 5 A 7 O 8 M

Sebbene inizialmente fosse limitato a 5 M, il diagramma è stato ora ampliato da alcuni a 7 o 8, a seconda della situazione. L'obiettivo, in sé, rimane invariato (in altre parole, consente ancora una visualizzazione concreta, globale ed esaustiva delle cause di un problema che dovrebbe essere trattato come prioritario) e, soprattutto, permette di individuare la soluzione più efficace.

I seguenti fattori possono essere aggiunti alle 5 M iniziali:

- **Misura:** corrisponde a tutto ciò che può essere quantificato per ottenere un risultato;

- **Gestione:** si tratta di un metodo di supervisione, di uno stile di leadership, ecc.;

- **Manutenzione:** bilanci, costi, entrate, ecc. che avranno inevitabilmente un impatto su tutte le altre M.

VANTAGGI

Il diagramma di Ishikawa offre molti vantaggi, in quanto consente agli utenti di:

- classificare tutte le cause di un problema;

- risolvere un problema relativamente grande;

- incoraggiare tutti i membri del team a partecipare all'analisi, creando così una dinamica di gestione del progetto;

- evitare che le cause vengano trascurate lavorando in gruppo;

- identificare le aree da approfondire, dove a volte mancano le informazioni;

- analizzare un problema, indipendentemente dal campo o dall'area di attività in cui viene vissuto;

- fornire elementi per sviluppare una soluzione adeguata al problema;

- offrire una panoramica della catena di cause ed effetti.

Questo tipo di strumento partecipativo offre un campo di visione e di riflessione relativamente ampio, che consente agli utenti di superare osservazioni troppo semplicistiche quando si presenta un problema. Estende la portata delle possibili cause del (potenziale) problema e, allo stesso tempo, identifica soluzioni e interventi da mettere in atto per prevenire o risolvere un problema specifico.

LIMITAZIONI ED ESTENSIONI

LIMITI E CRITICHE

- Nonostante i suoi numerosi vantaggi, il diagramma di Ishikawa non è particolarmente utile per problemi estremamente complessi in cui le cause sono numerose e i problemi sono interrelati. Tuttavia, spesso queste interrelazioni sono alla base di un problema attuale o potenziale.

- Una seconda critica al modello riguarda la classificazione delle cause. Questa viene effettuata in base all'esperienza del gruppo di lavoro, quando non si basa su un'analisi statistica del problema che si è presentato in precedenza. Questa classifica può, quindi, variare da un gruppo all'altro, a seconda dei punti di vista soggettivi ed essere meno rilevante e vincente dei dati strettamente statistici.

In generale, è consigliabile utilizzare questo metodo insieme a un altro per garantire l'obiettività e la pertinenza dell'analisi.

MODELLI ED ESTENSIONI CORRELATE

Si possono utilizzare diversi strumenti per ampliare la riflessione sullo stesso problema.

I 5 perché

Il metodo dei 5 perché, sviluppato e implementato per la prima volta nell'azienda automobilistica giapponese Toyota, mira a indagare le cause alla radice di un problema.

Il metodo è semplice, ma molto efficace: consiste nel porre la domanda "Perché?" per cinque volte, per identificare la vera fonte del problema. In questo modo, dopo aver individuato la causa superficiale, il gruppo di lavoro può cercare le diverse cause profonde del problema chiedendo "Perché?". Queste appariranno di solito dopo la seconda o terza domanda. Nella maggior parte dei casi, le cause organizzative sono alla base del problema. È importante non avere fretta e considerare con precisione i diversi livelli, per evitare di trascurare elementi chiave. Questo metodo è in gran parte simile al diagramma di Ishikawa.

Il diagramma di Pareto

Questo grafico, o meglio istogramma, è uno strumento di analisi dei dati che consente agli utenti di visualizzare la presenza di problemi in percentuale in ordine decrescente. In questo modo la priorità è più chiara, in quanto il decisore sa a quale elemento prestare attenzione. Si tratta di un sistema di base che facilita la visualizzazione dell'entità di un problema.

La griglia di efficienza

La griglia di efficienza è un grafico che mostra le varie soluzioni possibili. Mentre altri strumenti ampliano il campo di riflessione sull'origine del problema, la griglia consente un approccio più matematico e confronta sia l'efficacia che il costo della soluzione. Una volta completata, l'utente sceglierà logicamente la soluzione che si dimostra più efficace al minor costo (efficienza), considerandone anche la fattibilità. Se, per un motivo o per l'altro, il team non opta per questa soluzione, dovrà giustificare la propria scelta esponendo gli obiettivi che sono stati classificati e considerati in modo specifico per il progetto.

L'asse delle ascisse rappresenta il costo e l'asse delle ordinate l'efficienza.

Le potenziali soluzioni devono essere inserite nella griglia in base al loro costo e alla loro efficacia. È importante tenere a mente alcune idee di base sull'analisi costo-efficacia:

- l'efficacia è misurata da un singolo risultato determinato in anticipo;

- il costo complessivo di ogni soluzione deve essere misurato;

- è uno strumento di valutazione di progetti o programmi, in cui l'obiettivo può essere ridotto a un singolo risultato;

- questa analisi può essere utilizzata prima, durante e dopo un progetto.

Tenendo conto di questi fattori, sarà chiaro quale sia la soluzione più vantaggiosa (la più efficace al minor costo).

Il metodo CARRTDAF

Come la griglia di efficienza, il metodo CARRTDAF si concentra più sulla ricerca di soluzioni che sulle cause del problema. Tuttavia, rimane uno strumento interessante e complementare al diagramma di Ishikawa.

Il successo di questo metodo dipende da una serie di fattori, tra cui la partecipazione attiva del gruppo di lavoro e la diversità delle professioni e delle competenze dei suoi partecipanti. La procedura da seguire per la messa in atto di questo strumento è più complessa di quella necessaria per il diagramma di Ishikawa e per i metodi supplementari precedentemente illustrati.

Conclusione

È chiaro che i diversi modelli sono correlati e che le analisi di un problema, delle sue cause e delle sue soluzioni vadano di pari passo. È certamente difficile considerare il diagramma di Ishikawa come uno strumento isolato, poiché l'analisi delle cause non può avvenire senza una verifica approfondita del problema e delle sue soluzioni. In ogni caso, il manager è parte di un processo continuo e utilizza il maggior numero possibile di strumenti metodologici per risolvere un determinato problema con il proprio gruppo di lavoro, fino a quando non è soddisfatto di aver trovato potenziali soluzioni praticabili.

APPLICAZIONE PRATICA

CONSIGLI E BUONE PRATICHE

Fasi di costruzione del diagramma

Il diagramma di Ishikawa si costruisce progressivamente attraverso l'implementazione graduale delle varie fasi di lavoro necessarie per riflettere ed elaborare una rappresentazione grafica utile sul problema. In particolare, gli utenti devono:

- **Definire chiaramente il problema** e, una volta fatto, disegnare una freccia orizzontale che indichi il problema, l'incidente o l'effetto;

- **Stilare una lista delle possibili cause** (ad esempio attraverso un brainstorming) e collaborare con persone competenti ed esperti nell'area del problema;

- **Raccogliere i dati del brainstorming**;

- **Suddividere le idee in gruppi (5-8 M)**, ma va tenuto presente che non tutte le M si applicano necessariamente a ogni settore. Va considerato che il metodo Ishikawa deve essere adattato all'argomento, al contesto e al problema. Questa fase consente di disegnare le frecce secondarie che devono essere collegate alla freccia orizzontale principale. Ciascuna di queste frecce rappresenta uno dei gruppi di cause potenziali;

- **Per ogni ramo, cercare le cause principali del problema** che non sono ancora state identificate. Dopo questa fase, è possibile tracciare frecce più piccole corrispondenti alle cause dei diversi gruppi;

- **Valutare le cause prioritarie** e soppesare ogni causa per determinare le linee d'azione più importanti e classificarle;

- Una volta completato il diagramma, **scegliere le cause su cui agire** in base alla priorità che è stata loro assegnata. Le cause potenziali e le cause secondarie andranno poi divise in due gruppi;

- **Mettere in atto soluzioni e azioni correttive.** Questa fase può corrispondere a una fase di test o di implementazione della soluzione.

Tutti gli elementi sono così assemblati, il che consente al project manager di visualizzare le "lische di pesce" e di organizzare i gruppi di lavoro in base alle soluzioni da testare. Per ogni M, verrà aggiunto un "osso" al diagramma, come mostrato di seguito.

Insidie da evitare

La difficoltà del diagramma di Ishikawa non deriva tanto dalla sua metodologia a tappe, che in realtà lo rende più facile da disegnare, quanto dalla trascuratezza di alcuni elementi chiave:

- **L'importanza del lavoro di squadra.** Questo aspetto sta alla base di tutte le riflessioni durante e dopo la costruzione del diagramma. Infatti, senza un'ampia riflessione e/o un team con competenze diverse, una mentalità di gruppo o una partecipazione collettiva attiva e dinamica (ricerca di soluzioni, accordo sulle priorità, ecc.), le cause del problema non saranno analizzate a fondo e la soluzione più ovvia potrebbe non essere presa in considerazione.

- **L'uso dello strumento.** Sebbene il diagramma di Ishikawa sia considerato uno strumento di gestione della qualità, non deve essere ridotto solo a questo scopo. Nella preparazione di un progetto, può essere utilizzato per un'analisi contestuale e/o per l'analisi dei rischi potenziali, un aspetto che oggi è sempre più considerato nelle aziende. Inoltre, sarebbe un peccato considerarlo solo come uno strumento per trovare le cause di un problema, poiché può essere utilizzato anche per analizzare le cause del successo.

- **La natura del brainstorming.** È consigliabile scambiare i punti di vista con tutti i membri del team per affrontare tutti gli aspetti (cause ed effetti) del problema, lasciando a ciascuno la libertà di esprimere la propria opinione personale sul tema in questione.

- **Rispetto del processo.** È importante classificare progressivamente le cause, in base alla loro importanza rispetto al problema. In effetti, il diagramma di Ishikawa si basa principalmente sull'interrogazione e sull'elaborazione di idee interconnesse sul problema studiato.

- **L'estensione della sua applicabilità.** Sebbene il metodo Ishikawa fosse originariamente destinato agli ingegneri e generalmente orientato al mondo delle imprese, dovrebbe essere applicabile anche a tutti i settori (pubblici e privati), come ad esempio gli ospedali. La sua terminologia e i fattori studiati con questo strumento devono, quindi, essere adattati al settore in cui si applica l'analisi.

Raccomandazioni

Il diagramma di Ishikawa è trattato in molte opere di riferimento che forniscono una varietà di opinioni rilevanti riguardo alla corretta implementazione di questo strumento. Di seguito sono riportati alcuni dei principali consigli tratti dalla letteratura:

- **Essere metodici.** Sebbene il diagramma di Ishikawa sia uno strumento molto interessante ed efficace, è comunque importante evitare di tagliare gli angoli e cercare le cause prima delle soluzioni.

- **Prestare attenzione.** Durante la discussione possono essere individuate nuove cause. In questa fase di brainstorming, nulla deve essere trascurato, per incoraggiare la creatività, l'apertura e i suggerimenti del gruppo.

- **Essere meticolosi.** Se le cause sono troppo numerose e portano a un diagramma troppo complicato, è meglio costruirlo ramo per ramo.

- **Essere pragmatici.** È essenziale adattare la terminologia di questo strumento al settore in cui viene applicato.

- **Essere accurati.** Il diagramma non deve limitarsi alle cause negative, ma deve analizzare anche quelle positive.
- **Essere precisi.** È necessario verificare che le cause determinate portino effettivamente all'effetto osservato nella pratica.

STUDIO DI CASO

Il diagramma di Ishikawa consente di analizzare un problema in modo semplice, diretto e strutturato, definendone le cause e gli effetti. Prendiamo l'esempio di un supermercato di Ginevra, che si trova ad affrontare un tasso di soddisfazione dei clienti molto basso, e ipotizziamo che:

- Esso sia un punto vendita molto conosciuto che detiene una quota di mercato pari a quella degli altri supermercati di Ginevra;
- L'azienda punti a un tasso di soddisfazione annuale dei clienti dell'80%;
- L'ufficio marketing decida di realizzare un'indagine di soddisfazione per conoscere la percezione dei servizi offerti ai clienti;
- Il sondaggio sia relativamente breve, con una domanda per argomento, ovvero "È soddisfatto di…?", a cui rispondere in base a una scala di soddisfazione da 0 a 5 (con 0 come totale insoddisfazione e 5 come completa soddisfazione). Gli argomenti comprendono la qualità del personale, la qualità dei prodotti, le infrastrutture, l'ubicazione del supermercato, ecc.

Si noti che un'indagine sulla soddisfazione più dettagliata avrebbe potuto aiutare il team a comprendere meglio le reali cause dell'insoddisfazione generale. Tuttavia, poiché i clienti in genere vi dedicano poco tempo, gli investigatori spesso preferiscono proporre loro un questionario breve.

Il problema riscontrato

Dopo aver intervistato quasi 500 clienti di dieci negozi diversi, la somma dei risultati ha rivelato un basso livello di soddisfazione dei clienti: solo il 20%.

Applicazione del modello

Per agire concretamente, il team di marketing decide di analizzare le cause del problema prima di elaborare una soluzione o un piano d'azione.

La direttrice del reparto marketing vuole creare un gruppo di lavoro composto da membri di diversi reparti con competenze differenti ed esperienza pluriennale. A tal fine, contatta ogni dipartimento (comunicazione, finanza, prodotto, logistica, ecc.) con l'obiettivo di ottenere una visione più ampia delle cause sottostanti durante la fase di brainstorming. Una volta selezionati i partecipanti, spiega loro che l'argomento della prossima riunione di lavoro sarà l'individuazione delle cause alla base dei preoccupanti risultati del sondaggio tra i clienti: un tasso di soddisfazione del 20%, ben lontano dall'obiettivo annuale dell'80% inizialmente fissato. In questo modo, la manager può chiedere ai membri del team di scrivere in anticipo quelle che ritengono essere le cause (primarie e secondarie) di questo problema.

- **Prima riunione.** Durante la prima sessione di brainstorming, la discussione è animata e le idee vengono condivise. Il capogruppo del progetto di lavoro fornisce un elenco di tutte le cause identificate secondo le cinque principali categorie suggerite da Ishikawa: materiale, metodo, Madre Natura, macchina e manodopera. Le motivazioni legate all'aspetto del bilancio, cioè alle risorse finanziarie, sono notevoli in questo caso, dato il contesto aziendale. Ad esempio, in una situazione di crisi economica, se il personale viene ridotto, la qualità del servizio può essere inferiore e, quindi, provocare una diminuzione della soddisfazione dei clienti. Il contributo del capogruppo dipende, ovviamente, dalle dinamiche e parteciperà in misura maggiore o minore a seconda della situazione. In ogni caso, chiederà ai partecipanti di classificare le cause individuate in ordine di priorità, senza tralasciare le idee sull'origine del problema, anche se difficili da ascoltare per la manager.

- **Fare un passo indietro.** Dopo la prima fase, è sempre una buona idea concedere ai partecipanti un momento per fare un passo indietro, in modo che possano rivedere gli elementi precedentemente omessi durante la prima sessione di brainstorming. Nel frattempo, la manager ha il tempo di riorganizzare le varie idee emerse dal gruppo, di porre nuove domande, di collocare le cause discusse sul grafico e di osservare le categorie non affrontate. Da quel momento in poi, potrà beneficiare di una visione d'insieme e più chiara che le consentirà di prevedere chiaramente le cause prioritarie che devono essere analizzate in profondità.

- **Seconda riunione.** In questa seconda sessione di lavoro, il problema e le cause devono essere riassunti per determinare le cause primarie. Il gruppo di lavoro rifletterà, quindi, sulle azioni da attuare nei rispettivi dipartimenti per rimediare alla/e causa/e primaria/e del problema di insoddisfazione.

Possiamo ora esaminare nuovamente il problema e le potenziali cause discusse dal gruppo:

- Madre Natura: il negozio si trova lontano dal centro.

- Materiale: il negozio non ha una sezione dedicata ai prodotti biologici.

- Metodo: il personale è insufficiente, il che provoca code alle casse, gli orari di apertura del negozio sono poco flessibili e il servizio clienti telefonico è inefficiente.

- Macchina: spesso si verificano problemi quando si utilizzano le casse automatiche, ecc.

- Manodopera: il personale è scortese e/o incompetente, il servizio clienti è inefficiente e/o inesistente.

I fattori che causano l'insoddisfazione dei clienti sono così numerosi che sarebbe stato utile includere una casella per i suggerimenti alla fine del questionario di soddisfazione, per consentire ai clienti insoddisfatti di esprimersi liberamente.

Infine, se la causa definita prioritaria riguarda il personale incompetente (mancanza di conoscenza dei prodotti offerti dal supermercato) e deve essere risolta in modo rapido ed efficace, è necessario prendere in considerazione soluzioni efficaci. Queste potrebbero includere sessioni di formazione che spieghino chiaramente i diversi prodotti della gamma offerta dal marchio, o i fondamenti delle relazioni tra dipendenti e clienti.

Tra i sei mesi e un anno dopo aver apportato le modifiche necessarie, la direzione deve ricordarsi di verificare i risultati per confermare che il piano d'azione implementato abbia effettivamente avuto un impatto. A tal fine, il team di marketing può effettuare, tra l'altro, una nuova indagine di soddisfazione.

Conclusione

La gestione della qualità di un problema può essere fatta in modo semplice, purché l'approccio sia strutturato e ben pensato. In questo esempio, è impossibile dire se il risultato dell'utilizzo del grafico sarà automaticamente positivo e se un anno dopo i clienti saranno più o meno soddisfatti. In effetti, i dati del reparto finanziario (tasso di soddisfazione, cifre di vendita, ecc.) aiuterebbero a definire con maggiore precisione la causa. Se le vendite e la soddisfazione dei clienti sono più basse, è facile dedurre che la qualità del prodotto sia diminuita e che si debba, quindi, prestare attenzione ai materiali.

Anche gli altri modelli correlati illustrati in precedenza possono integrare l'approccio di Ishikawa.

- 23 -

SINTESI

- Il diagramma di Ishikawa è uno strumento di gestione della qualità, sviluppato negli anni '40 dall'ingegnere giapponese Kaoru Ishikawa.

- Questo metodo incoraggia l'analisi strutturata di un problema identificandone le cause e gli effetti.

- Le fasi che portano alla risoluzione di un problema sono:

  - associazione delle cause a un unico effetto;

  - suddivisione delle stesse in categorie (5 o 8 M);

  - classificazione delle M in ordine di importanza;

  - definizione delle priorità;

  - implementazione della soluzione più adatta.

- Si tratta di un approccio individuale e collettivo (messa in comune di idee), in cui gli aspetti essenziali sono il lavoro di squadra, il brainstorming e la costruzione del diagramma.

- Si presume che la qualità del risultato ottenuto dal diagramma dipenda principalmente dal gruppo di lavoro (i membri del gruppo dovrebbero completarsi a vicenda in termini di competenze, conoscenze ed esperienze).

- Esistono altri strumenti simili al diagramma di Ishikawa:

- i 5 perché;

    - il diagramma di Pareto;

    - la griglia di efficienza;

    - il metodo CARRTDAF.

- La mappatura accurata e chiara delle cause del problema contribuisce all'efficacia dello strumento.

- Raccomandazioni:

    - lavorare con metodo elencando i fatti;

    - basare il proprio lavoro su prove accurate e comprovate;

    - non saltare le fasi e svilupparle in modo rigoroso;

    - utilizzare strumenti aggiuntivi per garantire un approccio approfondito e costruttivo.

ULTERIORI LETTURE

BIBLIOGRAFIA

Agence Nationale pour la Promotion de l'Innovation et de la Recherche au Luxembourg (2008) *Diagramme d'Ishikawa = diagramme cause-effet.* [Online]. [Consultato il 15 febbraio 2017]. Disponibile da: < http://www.innovation.public.lu/fr/innover/gestion-innovation/resolution-probleme/diagrammeishikawa-fr.pdf>

Commissione europea (2014) *L'analyse coût-efficacité.* [Online]. [Consultato il 22 dicembre 2014]. Disponibile da Internet Archive: < https://web.archive.org/web/2015 0421232210/http://ec.europa.eu/europeaid/evaluation/methodology/examples/too_cef_res_fr.pdf>

Gillet-Goinard, F. e Seno, B. (2012) *Le grand livre du responsable qualité.* Parigi: Eyrolles.

Ishikawa, K. (1984) *La gestione della qualità. Strumenti e applicazioni pratiche.* Parigi: Dunod.

Il Dico del Marketing. *Definizione. Diagramma di causa-effetto di Kaoru Ishikawa.* [Online]. [Accessed 12 December 2014]. Disponibile da: < http://www.ledicodumarketing.fr/definitions/Diagramme-de-cause-a-effet-de-Kaoru-Ishikawa.html>

Lehu, J. -M. (2012) *L'enciclopedia del marketing.* Parigi: Eyrolles.

Manager GO! (2013) *Comment utiliser le diagramme d'Ishikawa.* [Online]. [Consultato il 12 dicembre 2014].

Disponibile da: < http://www.manager-go.com/gestion-de-projet/dossiers-methodes/ishikawa-5m>

Nachal, L. (2011) La costruzione di un diagramma cause-effetti. *InfoQualité*. [Online]. [Consultato il 12 dicembre 2014]. Disponibile da: < http://www.infoqualite.fr/la-construction-dun-diagramme-causes-effets/>

Pommeret, B. (2013) *La boîte à outil de l'organisation*. Parigi: Dunod.

FONTI AGGIUNTIVE

Ishikawa, K. (1985) *Che cos'è il controllo totale della qualità? La via giapponese*. Trans. Lu, D. J. New Jersey: Prentice Hall.

Vogliamo conoscere la vostra opinione!
Lasciate un commento sulla vostra biblioteca online
e condividete i vostri libri preferiti sui social media!

Master ISBN: 9782808064767
ISBN cartaceo: 9782808065054
Deposito legale: D/2022/12603/92

Design digitale: Primento,
il partner digitale degli editori.